Fidel Sendagorta

LUNA PRESENTIDA

— TANKAS

Luna presentida

PRIMERA EDICIÓN, noviembre 2025

Satori Ediciones
C/ Domingo Juliana, 16 Bajo
33213, Gijón, España
www.satoriediciones.com

Cubierta y maquetación: Marco Recuero
Impresión: Gráficas Summa

ISBN: 978-84-10404-22-9
Depósito legal: AS 02352-2025

Impreso en España – Printed in Spain

Para Lydia

PRÓLOGO

Desde la primera vez que viví en Japón me convertí en un aficionado a la poesía japonesa y al espíritu tan característico que la anima. Cuando regresé a Tokio muchos años después, Japón era igual pero diferente, y yo también. Persistía, eso sí, mi gusto por la poesía y quise probar suerte con los haikus. El resultado fue un libro breve titulado *Por remotas veredas* (Satori, 2024). Ahora bien, una vez publicado, no sabía cómo hacer para salir del encantamiento del haiku y empezar a escribir otras cosas.

Los haikus podrían ser el equivalente literario de los bonsáis y no resulta fácil pasar de su universo tan mínimo como emotivo al de los árboles de gran porte, conmovedores también, pero de manera muy distinta. Por eso me sentía incapaz de volver a los sonetos que tanto había disfrutado componiendo hacía tan solo unos años. Salí de este dilema gracias a los *tanka*.

Al fin y al cabo, los haikus habían nacido de los propios *tanka*, aunque no hay acuerdo sobre el carácter de cada uno de ellos. Para algunos autores, el escritor de haikus realiza una aproximación objetiva a la naturaleza que se despliega ante sus ojos, mientras que en los *tanka* prevalece la subjetividad del poeta. En ambas estrofas se quiere transmitir una emoción, pero en el haiku esta es implícita, mientras que en los *tanka* no se esconde el sentimiento, a menudo amoroso. Siempre a contracorriente, el profesor Antonio Cabezas considera que estas supuestas peculiaridades oscurecen más que iluminan. La longitud del poema sería la única diferencia relevante.

En mi caso, los encantos de la naturaleza en las distintas estaciones seguían muy presentes en los *tanka*, como lo habían estado en los haikus. Pero en los *tanka* aparecen también otros asuntos entremezclados y, sobre todo, las venturas del querer. Los *waka* clásicos se empleaban a menudo para intercambiar mensajes poéticos entre los amantes tras un encuentro furtivo y apasionado. En estos *tanka* aquí recogidos, sin embargo, prevalece un amor otoñal, casi siempre sereno, sazonado de momentos compartidos.

Por otra parte, el *tanka* era una forma poética que me acercaba de nuevo a las estrofas europeas. Es verdad que el quinteto o la quintilla tienen rima y el *tanka* prescinde de ella, pero existe un cierto parentesco. Aun así, me surgía la pregunta de cómo sonaría el *tanka* a nuestros oídos, ya que, a diferencia del haiku, no conocía escritores en español que hubieran utilizado esta forma poética del clasicismo japonés.

Encontré la respuesta releyendo a Borges y descubriendo los *tanka* que aparecen en *El oro de los tigres*. El primero me cautivó de inmediato y dice así:

Alto en la cumbre
todo el jardín es luna,
luna de oro.
Más precioso es el roce
de tu boca en la sombra.

En este poema está todo lo que puede inspirarme en un *tanka*: la atmósfera sutil de Japón, el hechizo de la naturaleza y el encuentro con la mujer amada. Aunque no se trata tan solo de los ingredientes empleados, sino del sabor finalmente logrado, que no es otro que la belleza plena.

Estos versos tenían para mí tal capacidad evocadora que traían a mi imaginación el jardín que Borges pudo haber tenido *in mente* cuando los escribió. Acaso rememoraba la villa Okochi-Sanso, en lo alto de la montaña de Arashiyama, que perteneció a un actor japonés de cine mudo y que se había convertido en uno de mis lugares favoritos en Kioto.

En todo caso, me he referido hasta ahora a la génesis de estos poemas, pero debo concluir estas líneas con lo que *Luna presentida* significa para mí: un último libro escrito en Japón, el país que tanto tiene que ver con mi destino, y una colección de momentos distraídos al infatigable olvido.

Fidel Sendagorta, febrero de 2025, Tokio

El término *waka* (和歌) se utiliza para designar la poesía originaria de Japón, distinguiéndola de la de origen chino denominada *kanshi* (漢詩). A su vez, los *waka* pueden ser poemas largos, llamados *choka* (長歌), o cortos, conocidos como *tanka* (短歌). Estos últimos son poemas de cinco versos sin rima, con una métrica de 5 + 7 + 5 + 7 + 7 *onji* (音字), que equivale a nuestras sílabas. Desde finales del siglo XIX, la palabra *waka* se reserva para la poesía clásica y la estrofa de cinco versos pasa a llamarse *tanka*.

Golpe de luna
entre los rascacielos
de espejo y plata.
Tu gesto con el pelo
cuando nos despedimos.

Hermosa aurora,
luz de los campos de oro,
tú, venerada,
renuevas cada día
el prodigio incesante.

Oigo y no oigo
el fragor de la lluvia
en duermevela.
Tú, sumergida en sombras,
yo, entre el agua y el sueño.

Se apaga el campo
y el cielo es otro azul
entre dos luces.
Tú y yo sentados fuera,
esperando la noche.

Quedan los muertos
no en la tosca memoria
tallada en piedra,
sino en ese otro tiempo
que tiene algo de mar.

En la ciudad,
luna del cazador
casi escondida,
derrama su belleza
por los feroces montes.

Toda la noche
cae con delicadeza
la terca nieve.
Yo cerca de la lumbre
prendido de tus ojos.

Fiero fragor:
en los acantilados
ruge la euforia
del poder desmedido
del imperio del mar.

Entre las tumbas
y azaleas de Aoyama
llega la calma.
Nos alcanza el silencio
de aquellos ya invisibles.

Eso que vemos
en los tímidos astros
titubeantes,
en los mudables arces,
en las ondas que tiemblan.

Supervivientes
del naufragio del sueño,
aún atónitos
en ese emerger diario
de no estar en el pecio.

Vivir con árboles,
sentir su alto rumor
benevolente,
su pausada cadencia
que nos toca y nos mueve.

Viaje en la noche,
disperso firmamento
siempre en silencio.
Cometas y palabras
se apagan en lo inmenso.

Luna borrosa,
esparcida su luz
en la neblina.
Las caricias de ayer
también difuminadas.

Todo es distinto
de un día para otro
como si nada.
Signos casi invisibles
de golpe nos rebosan.

A mediodía,
halcón en el azul,
sierpe en la hierba.
Todo quieto en el monte,
hasta el mudo relámpago.

Fuente escondida,
oculta a las miradas
que no se posan.
Allí remansa el brillo
y el rumor de la tarde.

Luna de agosto,
la miramos absortos
como en un trance.
Su faz muda el jardín
con su luz de otro mundo.

Esto que oímos
¿son pasos de los vivos
o de los muertos?
No responde la noche
pero retorna el sueño.

Desnudos árboles
de madera dormida
y copas pardas.
El cielo gris helado
y tu cálida mano.

Se fundió el oro
de la tarde candente
y ya son brasas
oscuras y dormidas
que avivará la aurora.

Monte sagrado
visible o invisible,
siempre presente.
Su silueta y la tuya
trazadas por la luna.

Tras el crepúsculo,
cruzarse con la muerte
en un recodo
y dudar si esquivarla
o acaso saludar.

Se va acercando
el sueño que me acecha,
que ya me vence.
Todo se difumina
y se apaga la espera.

Desasosiegan
los signos de los pájaros
y los jazmines.
Hoy nublan los misterios
que ayer nos deslumbraban.

Hace y deshace
el tiempo creador:
inacabada
queda su extraña talla
que es nuestra viva imagen.

Una por una
quemé todas las cartas
blancas y azules.
Se elevó un humo triste,
espeso en la memoria.

Jardín helado:
el vaho en la ventana
en el que trazo
el verso que me ronda
desde el fondo del sueño.

En estas islas
que amanecen serenas
ante el desastre,
me muevo con la tierra
y el rugido del mar.

Contra la roca,
del mar indiferente
brota la espuma
como una flor abierta
en el desierto inmenso.

Luna arqueada,
palidece el bambú
entre las sombras.
Se oyen risas y música
que apaga un tren veloz.

Celeste hielo,
el acero del frío
entra bien dentro.
En silencio aterido
recordando tu risa.

Gotas de lluvia,
resbalan por el vidrio
una por una.
Se juntan o se cruzan
con trazo del destino.

Otra es la calma,
más densa y verdadera,
en el gran río.
Se desliza la nave,
se borran las orillas.

Con insistencia,
dentro o fuera de mí,
graznan los cuervos.
En la ciudad radiante,
un antiguo pavor.

Blancos cerezos
surgen tras las ventanas
del hospital.
Blancos como las blancas
batas de nuestros médicos.

Farol de piedra
al fondo del jardín
umbroso y húmedo.
Y un no sé qué sagrado
bajo la luz antigua.

Cada mañana,
un tono más de rojo
tiñe los arces.
Las hojas, miniaturas
del gran arte otoñal.

Caerá la lluvia
que imita a la memoria
como cae hoy
y escucharás mi voz
en tu caro recuerdo.

Fragor de fondo,
temporada de lluvias
cálida y húmeda.
Conversamos del tiempo
pensando en otra cosa.

¿Está la luna
reñida con el sueño?
Horas en vela
esperando que pase
el río de la noche.

Viento tirano,
los árboles se agitan
a su capricho.
Todo se mueve y brama,
vuela y vuelve el querer.

Cubre la niebla
los campos de extrañeza
y ensoñaciones.
Se desvanece el monte
pero nos acompaña.

Brotes de pruno,
apenas aún nada:
todo es espera.
También tú te demoras
pero estás sin estar.

Pasan las nubes
llevándose reflejos
del lento ocaso.
En el tiempo que es nuestro,
también lo lento es breve.

Truena en lo oscuro,
destellos azulados
por la ventana.
Brilla en nuestras miradas
el ascua del deseo.

Mar inmediato
y su ondulante lengua
de luz y sal
con destellos de infancia
y memoria de espuma.

En la negrura,
nuestros infiernos ínfimos
crecen y abrasan.
¿Quién los devolverá
a su ignota caverna?

Viento caliente,
se hace penoso andar
hablando a solas.
Oscilaban los árboles
y me mueve tu ausencia.

Braman las olas
en un ángulo ciego
de la mañana:
cuento de ruido y furia
contado por un dios.

Tarde en la noche,
el hielo y la centella,
mudos enigmas.
Se cruza la fortuna
que llega o que se va.

Sombra rosada,
las flores del cerezo
ahora por tierra.
Se extingue el breve culto
que agitó la ciudad.

Un aire antiguo
en el jardín de hortensias
bajo los tilos:
levantamos la vista
y el púrpura es la infancia.

Aire más leve
con el trinar de pájaros
en la arboleda.
Seguimos en silencio
contando nuestros dones.

Flores de loto,
las fuentes y las sombras,
la tierra pura.
Todos los paraísos
son el mismo jardín.

Áspero sol,
escapo del ahogo
pero está dentro.
A la sombra me calma
tu mano por mi pelo.

Leves y mínimas
las hojas bajo el árbol
desperdigadas.
En la bruma de otoño,
el sueño del bonsái.

Tras las vidrieras,
el aguanieve trae
reminiscencias
de inviernos solitarios
ya en el pozo del tiempo.

Feroz ventisca
sacude la arboleda
blanca y oscura.
Las ráfagas de nieve
humean en las caldas.

Hortensia añil,
solitaria y espléndida
sobre la mesa.
Mejor en su rincón
umbrío del jardín.

Llegan primicias
del deseado otoño:
fragantes setas,
silencio de cigarras
e impacientes arces.

Altas las hayas
deshaciéndose en luz
por las colinas.
Ondean los reflejos
rayando en la penumbra.

Sombra del tilo,
el perro a nuestro lado
oliendo el viento.
Y el mar omnipresente
en el verano eterno.

En el estanque,
granate de los arces,
carpas doradas.
Tu reflejo y el mío
temblando en el otoño.

Blancos fulgores
se rizan y deslizan
por la ensenada.
Se escurren en la arena
los graves pensamientos.

Tomó la casa
con enredo violeta
la buganvilla.
¡Viva luz de verano,
dadivoso jardín!

Amarillea
todavía el jardín
casi dormido.
Va pasando el letargo
como el amor de invierno.

Ese momento
entre el cerezo en flor
y la azalea,
brilla el verde insolente
de un mundo recreado.

¿Dónde pararon
las cosas que se pierden
y no se borran?
Aquí en este dolor
afilado y certero.

Descansaremos
entre robles y fresnos
en esta tierra
propicia, frente al monte
azul, ya casi malva.

Índice de primeros versos

Este libro se terminó de imprimir
el día 19 de noviembre de 2025
en el Principado de Asturias.